LES AVEUX DIFFICILES,

COMÉDIE

EN UN ACTE ET EN VERS,

PAR M. VIGÉE;

REPRÉSENTÉE, pour la première fois, à Paris le Lundi 24 Février 1783, & le lendemain à Versailles devant LEURS MAJESTÉS, par les Comédiens Français.

A PARIS,

Chez la Veuve DUCHESNE, Libraire, rue Saint-Jacques, au Temple du Goût.

M. DCC. LXXXIII.

PERSONNAGES.	ACTEURS.
CLÉANTE,	M. Molé.
MERVAL,	M. Fleury.
MÊLITE, jeune Veuve,	Mlle. d'Oligni.
FRONTIN, Valet de Cléante,	M. Préville.
LISETTE,	M^e. Bellecour.

La Scène se passe à Paris chez Mélite.

LES AVEUX DIFFICILES,
COMÉDIE.

SCENE PREMIERE.
MÉLITE, LISETTE.

LISETTE.

Quoi! Madame aujourd'hui triste, sombre & rêveuse!
Hier encore, hier vous paroissiez heureuse:
En pensant à Merval, vous chérissiez les nœuds
Que l'hymen doit ce soir assortir pour vous deux:
Vous êtes bien changée! Autant que je puis croire,
Vous avez du défunt rappellé la mémoire;
Ou vous craignez sans doute, en prenant un parti,
De ne plus retrouver l'Amant dans le mari.

MÉLITE.
Tu ne me parles pas, Lisette, de Cléante.

LISETTE.
A quoi bon? Dès long-tems il trompe votre attente.

A 2

Il est, depuis trois ans, éloigné de ces lieux,
Et son retour, Madame, est au moins bien douteux.
Il a passé la mer, la route est dangereuse,
Il ne s'y fiera plus.

MÉLITE.

Je serais trop heureuse !
Mais vois quel est mon sort ! Une lettre en ce jour
M'annonce son départ, & prévient son retour.

LISETTE.

Quoi, Madame, vraiment il revient ?

MÉLITE.

Oui, Lisette ;
Et ce retour si prompt m'allarme & m'inquiète.
Lorsqu'il fut obligé d'abandonner ces lieux,
Tu sais quels sentimens nous unissaient tous deux ;
La mort d'un vieux parent, un immense héritage,
Le forçaient, malgré lui, de hâter son voyage :
La douleur, le regret étaient peints dans ses yeux.
« L'hymen à mon retour cimentera nos nœuds,
» Dit-il ; notre union est tout ce qui me touche ».
Son cœur plaça vingt fois ce serment sur sa bouche.
Et moi-même, dès-lors songeant à son retour,
J'adressais à l'Hymen tous les vœux de l'Amour.
Il partait ; mais craignant qu'une trop longue absence
Contre lui, par degrés, n'armât l'indifférence,
Il chargea l'amitié de veiller sur son sort ;
Il fit choix de Merval. Lisette, il eut grand tort :
Nos adieux, nos regrets imprimés dans mon âme,
En s'y reproduisant auraient nourri ma flamme ;
Mais un nouvel objet se trouva près de moi,
En parlant de Cléante on me parla de soi ;
Puis insensiblement & contre mon attente,

COMÉDIE.

On oublia bientôt jusqu'au nom de Cléante.
Cléante m'écrivait souvent, soins superflus !
J'en parlais bien encor, mais je n'y pensais plus.
Ne voulant pas pourtant avoir la honte entière
D'avoir rompu nos nœuds & changé la première,
Je répondis toujours à ses lettres : l'esprit
Dictait ce qu'autrefois le cœur seul aurait dit :
Enfin Cléante arrive, & dans mon trouble extrême,
Lisette, je sens trop que c'est Merval que j'aime.

LISETTE.

A parler franchement, Madame, dans ce cas,
Je ne puis concevoir quel est votre embarras :
Quant à moi j'aurais fait ce que l'on vous voit faire.
Vivre toujours d'espoir, c'est vivre de chimère.
Mais Merval une fois choisi pour votre époux,
Quels droits Cléante encor peut-il avoir sur vous ?

MÉLITE.

Mais le droit de se plaindre.

LISETTE.

    Après trois ans d'absence ?

MÉLITE.

Quand j'écris que je l'aime.

LISETTE.

    Hé bien ! par complaisance.

MÉLITE.

Quand il croit que pour lui mon cœur n'a pu changer :

LISETTE.

Quand lui tout découvrir c'eût été l'affliger.
Madame, en vérité, j'ai peine à vous comprendre.
Depuis quand notre sexe est-il fait pour attendre ?
La constance, d'ailleurs, est-ce un état si doux ?

A 3

Si la mode en venait, que deviendrions-nous ?
Quoi ! des siècles entiers porter la même chaîne !
Les hommes, par ma foi, n'en valent pas la peine.
Je vous dirai bien plus : trahi par son ami,
Cléante n'est encor malheureux qu'à demi.
De qui se plaindrait-il ? c'est un autre lui-même.
Enfin s'il perd le cœur du tendre objet qu'il aime,
D'un tel évènement qu'il accuse le sort,
Présent on a raison, mais absent on a tort.

MÉLITE.

Non, non ; je sens trop bien, quoique tu puisses dire,
Que sur mon cœur encor Cléante a quelque empire ;
Car enfin si l'amour ne parle plus pour lui,
Je ne m'en prends qu'à moi. Tout m'allarme aujourd'hui.
Je vois déjà ses pleurs, j'entends déjà ses plaintes,
Ses reproches amers ; à de telles atteintes
Pourrai-je résister ?

LISETTE.

Oui, sans doute, il le faut.
S'il le prend sur ce ton, prenez un ton plus haut ;
Et si vous ne pouvez éviter sa présence,
Sachez, par ce moyen, le réduire au silence.

MÉLITE.

Envain par tes raisons tu crois me rassurer.
A mes réflexions je crains de me livrer.
Je vais quelques momens dans le sein d'une amie
Epancher la douleur dont mon ame est saisie ;
En confiant ses maux on croit les adoucir.
Si Merval paraissait, prens soin de l'avertir
D'un retour si fatal ; je ne veux pas encore
Qu'il apprenne de moi le secret qu'il ignore.

(Elle sort.)

SCENE II.

LISETTE, *seule*.

JE ne la conçois pas ; comment, se repentir
De ce que son amour a pu s'anéantir
Après trois ans d'absence ! Allons, c'est ridicule.
Pour ma part, Dieu merci, j'ai levé le scrupule.
J'avais avec Frontin quelques arrangemens,
La veille du départ il reçut mes sermens,
Et j'en conviens, huit jours je pleurai son absence ;
Mais à peine le mois s'écoulait, que d'avance
Pour m'épargner le soin de nourrir ma douleur,
J'avais choisi Merlin pour mon consolateur.
Frontin revient, tant pis, je plains peu son martire ;
Il arrive trop tard, il faut qu'il se retire.
Mais quel parti prendra notre pauvre Merval ?
Il ne s'attendait guère à revoir un rival :
Son amoureux souci d'avance me fait rire ;
C'est lui-même, songeons à ce qu'il nous faut dire.

SCENE III.

MERVAL, LISETTE.

MERVAL.

AH ! ma chère Lisette, enfin voici le jour
Promis à la constance, attendu par l'amour,
Ce jour qui met le comble à mon bonheur extrême,

Qui me fixe à jamais près de l'objet que j'aime,
Conçois-tu...

LISETTE.

Doucement.

MERVAL.

L'ivresse ! le plaisir !...

LISETTE.

Ce n'est pas le moment de vous tant réjouir.

MERVAL.

Qu'est-il donc arrivé ?

LISETTE.

Madame...

MERVAL.

Eh bien ! Madame...

LISETTE.

A cet heureux transport n'a pas ouvert son ame.

MERVAL.

A mon aspect, crois-moi, Lisette, il y naîtra;
J'ose au moins m'en flatter.

LISETTE.

Je ne crois pas cela.

MERVAL.

Ah ! parle ; fais cesser le trouble qui m'agite.
En des momens si doux que peut craindre Mélite ?
Aspirer à sa main quand j'ai touché son cœur,
C'est m'imposer le soin de faire son bonheur.
L'hymen ne peut jamais changer mon caractère.
Je n'acquiers d'autre droit que celui de lui plaire ;
De prévenir ses goûts, de flatter ses desirs ;
Oui, je veux que nos nœuds, tissus par les plaisirs,
Soient toujours resserrés par la douce habitude

De vivre sans contrainte, & sans inquiétude,
Affranchis de l'abus de ce honteux pouvoir
Qui commande à l'amour d'obéir au devoir.

LISETTE.

Tel qu'il est ce projet, Monsieur, est inutile,
Ou l'exécution en est bien difficile :
Apprenez donc enfin...

MERVAL.

Eh bien ! explique-toi.

LISETTE.

Vous le voulez ?

MERVAL, *à part.*

Je tremble, & je ne sais pourquoi.

LISETTE.

Cléante...

MERVAL.

Après..

LISETTE.

Monsieur...

MERVAL.

N'achève pas, Lisette.
Je devine trop bien cette peine secrette
De Mélite... Cléante... à présent... oui, je vois...
Son image se place entre Mélite & moi.

LISETTE.

Hélas ! oui ; son retour...

MERVAL.

Son retour ! quel présage
Te l'annonce ?

LISETTE.

Une lettre, en faut-il davantage ?

Madame, quand déjà vous soupçonnez son cœur
Dans le sein d'une amie épanche sa douleur.
MERVAL.
(A part.) (Haut.)
Ah! Ciel! Et cette lettre à qui s'adresse-t-elle?
LISETTE.
A Mélite.
MERVAL.
Il y peint sa tendresse fidelle?
LISETTE.
Sans doute.
MERVAL.
Sa constance incroyable?
LISETTE.
Oui vraiment.
MERVAL.
Et parle-t-il de moi, Lisette?
LISETTE.
Assurément.
MERVAL.
Mais nul objet là-bas n'a donc pu le distraire?
LISETTE.
Apparemment.
MERVAL.
Oh non, Mélite a su lui plaire;
Il n'a pu l'oublier. Elle a tant d'agrémens!
Elle réunit tout, esprit, graces, talens,
Et l'ame la plus tendre, & le plus doux langage:
L'amour en la formant admirait son ouvrage.
Et tu dis qu'il revient?
LISETTE.
Oui, c'est la vérité,
Monsieur.

COMÉDIE.

MERVAL.

De quel remord mon cœur est agité.
(*A part, & en parcourant le Théatre avec vivacité.*)
Cléante se confie à des mains étrangères,
Il n'a pas pu sitôt terminer ses affaires.
(*Haut.*)
A peine est-il parti. Lisette, si pourtant
On pouvait retarder ce retour...

LISETTE *qui a souri pendant l'à parte de Merval.*

Et comment ?

MERVAL.

On pourrait prétexter une absence imprévue,
Un séjour dans le fond d'une terre inconnue ;
Et ce délai...
(*On entend des cris & des coups de fouet.*)

LISETTE.

Frontin, ah ! nous sommes perdus !

MERVAL.

Où fuir ?

LISETTE.

Où me cacher !

(*Frontin en entrant fait des signes à la cantonnade, Merval & Lisette sortent précipitamment.*)

SCENE IV.

FRONTIN, *seul, en habit de Courier.*

Ma foi, je n'en puis plus.
Je suis moulu, brisé. Juste Ciel ! quel voyage !
Des chevaux ! des chemins ! Pas un gîte ! Un orage,

Et la grêle, & le vent, & la foudre en courroux ;
Et par-tout les éclairs faisant route avec nous ;
Quel métier ! Grace au Ciel, enfin, m'en voilà quitte,
Et rendu sain & sauf au logis de Mélite.
Un autre orage ici peut-être nous attend ;
Nous venons découvrir un mystère important ;
Mystère qui nous pèse. En serviteur fidèle
J'ai déjà sçu donner des preuves de mon zèle ;
Et certaine maison, placée aux environs,
Pour quelque tems au moins nous sauve des soupçons.
Ce premier soin rempli, tout va bien ; mais, sans doute,
On nous présume encore arrêtés sur la route :
Il faut nous annoncer. Il faut d'ailleurs aussi
M'informer, pour ma part, si Lisette est ici.
Je crois appercevoir un minois de Soubrette,
Et je ressens.....

SCENE V.

LISETTE, FRONTIN.

LISETTE.

(A part.) (Haut.)

FEIGNONS. Quoi ! Frontin !

FRONTIN.

Quoi ! Lisette !
Eh ! bon jour, mon enfant. M'as-tu gardé ton cœur ?

LISETTE.

M'as-tu gardé le tien ?

FRONTIN.

Juge de mon ardeur !

Pour arriver plutôt, j'ai bravé la furie
D'un orage où cent fois j'ai tremblé pour ma vie.
Mais quel air, dis-moi donc, que celui de Paris?
Comme en le respirant tes traits sont embellis!
Je te trouve charmante, incomparable, unique.

LISETTE.

Tu n'es pas trop changé.

FRONTIN.

C'est un peu laconique.
Serois-je moins aimé? Parle-moi sans détour.

LISETTE.

Que veux-tu; la surprise a glacé mon amour.

FRONTIN.

D'accord. Mais.....

LISETTE.

Laisse-moi le tems de me remettre,
Et nous verrons après.

FRONTIN.

Soit. A-t-on vu la Lettre
Que nous avons écrite?

LISETTE.

(*Haut.*) (*A part.*)
Oh! oui. Dissimulons.

FRONTIN, *à part.*

Feignons. Tout est perdu si nous nous découvrons.
(*Haut.*)
Hé! comment l'a-t-on lue?

LISETTE.

Avec un trouble extrême.
Comment l'a-t-on écrite?

FRONTIN.
On était tout de même.

LISETTE.
On sera sûrement charmé de nous revoir ?

FRONTIN.
Sans doute. L'on s'apprête à nous bien recevoir ?

LISETTE.
Je t'en réponds. Cléante est donc toujours fidèle ?

FRONTIN.
Il n'aime que Mélite & ne rêve que d'elle.
(A part.)
Il est bon de mentir.

LISETTE.
Et Mélite aujourd'hui
N'adore que Cléante, & ne vit que pour lui.
(A part.)
Il faut en imposer.

FRONTIN.
Et pendant son absence
Elle a pleuré beaucoup ?

LISETTE.
Au point que sa présence
Ne peut manquer sur nous de faire impression.

FRONTIN.
Nous ne la verrons pas sans quelque émotion.

LISETTE.
Quel jour pour une femme intéressante, honnête !

FRONTIN.
Quel jour pour un amant jaloux de sa conquête !

COMÉDIE

LISETTE.

Va-t-il venir bientôt ?

FRONTIN.

Sur mes pas, à l'inſtant.

LISETTE, *à part.*

Je tremble.

FRONTIN, *à part.*

Je frémis.

LISETTE.

Mélite, en ce moment, eſt dehors.

FRONTIN, *à part.*

Bon, tant mieux.

LISETTE.

Mais une fois inſtruite....

FRONTIN.

Oh ! rien ne preſſe, non.

LISETTE.

Il ſuffit ; je te quitte. Adieu, Frontin.

FRONTIN.

Adieu, Liſette.

(*Liſette ſort.*)

SCENE VI.

FRONTIN, *ſeul.*

Tout va mal. Voilà le fruit des ſoins du généreux Merval.

Il eût bien mieux valu qu'un ami moins fidèle
Eût envié l'honneur de rester auprès d'elle.
Si du moins, par prudence, on m'avait consulté,
A Mélite on aurait laissé sa liberté.
L'Amant est-il absent ? un autre le remplace ;
C'est dans l'ordre aujourd'hui. Mais l'heure ici se passe:
Mon Maître m'avait dit qu'il ne tarderait pas ;
Sçachons.... Ma foi c'est lui qui porte ici ses pas.

SCENE VII.

CLÉANTE, FRONTIN.

CLEANTE.

Eh bien, quelle nouvelle ? & que vas-tu m'apprendre ?

FRONTIN.

Rien de bon.

CLÈANTE.

Dis toujours. Je suis prêt à t'entendre.

FRONTIN.

On vous aime, Monsieur.

CLÉANTE.

Beaucoup ?

FRONTIN.

Eperdument.

CLÊANTE.

Qui peut te l'avoir dit ?

FRONTIN.

Lisette apparemment.
J'ai sondé le terrein ; mais, Monsieur, mon adresse

COMÉDIE.

N'a servi qu'à m'apprendre, hélas! que sa Maitresse
Est constante.

CLÉANTE.
Comment?

FRONTIN.
Oui. Mélite aujourd'hui
N'adore que Cléante & ne vit que pour lui;
Voilà ses propres mots.

CLÉANTE.
L'aventure est cruelle!
A-t-on voulu sçavoir si je lui suis fidèle?

FRONTIN.
On me l'a demandé, sans doute.

CLÉANTE.
Qu'as-tu dit?

FRONTIN.
Que vous l'aimiez beaucoup, que d'elle, jour & nuit,
Vous rêviez.

CLÉANTE.
Mais...

FRONTIN.
Il le fallait.

CLÉANTE.
A la bonne heure!
Cependant tu pouvais...?

FRONTIN.
Eh bien, oui! Que je meure
Si j'eusse osé jamais m'exprimer autrement.

CLÉANTE.
Je cours...

B

LES AVEUX DIFFICILES,

FRONTIN.

Elle n'est pas chez elle en ce moment.
Elle a lû votre écrit, & dans l'impatience....
Le plaisir.... Elle en fait peut-être confidence
A quelqu'un...

CLÉANTE.

Et sçais-tu quand je pourrai la voir ?

FRONTIN.

Elle ne rentrera sûrement que ce soir.
On voulait l'avertir ; mais, prévoyant d'avance
Tout l'effet que sur vous causerait sa présence,
Je m'y suis opposé.

CLÉANTE.

C'est bien fait : cependant
Il en faudra toujours venir là. Le moment
N'est pas loin, & je sens que ma crainte s'augmente.

FRONTIN.

Votre conduite aussi, Monsieur, est imprudente,
Puisque vous lui parliez de votre prompt retour,
Vous ne deviez donc pas parler de votre amour,
Ni vous peindre en esclave amoureux de sa chaîne.

CLÉANTE.

Que veux-tu ? J'aurais craint de m'attirer sa haine.
Chez les femmes, toujours fières de leurs attraits,
L'amour propre offensé ne pardonne jamais.
Et ses lettres d'ailleurs respirant la tendresse,
Pouvais-je, sans manquer à la délicatesse,
Lui mander que mon cœur n'était plus sous ses loix ;
C'eût été m'avouer indigne de son choix.

FRONTIN.

Voyez donc ce qu'on peut faire aujourd'hui pour elle.

COMÉDIE.
CLÉANTE.
C'est bien embarrassant.
FRONTIN.
Je réponds de mon zèle ;
Mais...
CLÉANTE.
Nous y rêverons. Préviens toujours mes pas
Où tu sçais : de ceci sur-tout ne parle pas.
Dis...
FRONTIN.
Oh ! je sçais très-bien tout ce qu'il faudra dire :
Que loin d'elle on languit, on gémit, on soupire ;
Sur cet objet, Monsieur, n'ayez aucun souci.
CLÉANTE.
Bien. Tu reviendras voir ce qui se passe ici.

(Frontin sort.)

SCENE VIII.
CLÉANTE, <i>seul.</i>

MA situation vraiment est peu commune :
De deux femmes aimé, n'en pouvant garder qu'une,
Comment faire ? Mélite a d'anciens droits sur moi,
L'autre en a de nouveaux, toutes deux ont ma foi ;
Le pas est délicat. Mélite est estimable,
L'autre ne l'est pas moins ; mais l'autre est plus aimable ;
L'autre est là, je le sens. Il le faut... C'en est fait...
Oui, je dois sans tarder révéler mon secret ;
Le grand point est d'oser s'avouer infidèle,
Je vais m'y préparer. Cet autre objet m'appelle ;

Il ne faut pas du moins, qu'insensible à sa voix,
Je trompe en arrivant deux femmes à la fois.
Ciel ! que vois-je !

SCENE IX.
CLÉANTE, MERVAL, MÉLITE.

(Ils s'observent, & peignent leur embarras.)

CLÉANTE.

AH ! pour moi que ce jour a de charmes !
Votre présence enfin dissipe mes allarmes ;
Je rends grace au destin qui permet qu'aujourd'hui
Je voie en même-tems Mélite & mon ami.

MÉLITE, *à part.*

Je n'ose lui parler.

CLÉANTE, *à part.*
Avouerai-je ?
MERVAL, *à part.*
J'enrage.

(*Haut.*)
L'amour t'a fait sans doute abréger ton voyage ;
Tu ne pouvais venir plus à propos.

CLÉANTE.
L'amour,
J'en conviendrai, Madame, a pressé mon retour.

MÉLITE.
Ah ! je le pressentais ! un trouble involontaire
(*A part.*)
M'avertissait... Hélas !

COMÉDIE.

CLÉANTE.
Que ce mot doit me plaire !

(*A Merval.*)

Je sens combien je dois à tes soins généreux ;

(*à part.*)

C'est par toi que je suis heureux, & malheureux.

(*À Mélite.*)

Quel plaisir de me voir près d'un objet aimable !
Ah ! permettez...

(*Il veut lui baiser la main : Merval le tire par l'habit.*)

MERVAL, *se remettant.*
Elle est tout-à-fait adorable.

CLÉANTE.
C'est le mot oui, combien tu flattes mon espoir !
Quelle obligation ne dois-je pas t'avoir !
Quel avenir heureux pour mon ame attendrie !

(*A Mélite.*)

Il vous a donc tenu fidelle compagnie ?

MÉLITE.
Très-fidelle, il est vrai.

CLÉANTE.
Je l'en avais prié.

MERVAL.
J'ai cru devoir remplir...

CLÉANTE.
Les soins de l'amitié.
Je sens qu'à tes conseils donnés en mon absence,
Je dois l'heureux effet que produit ma présence ;
Pourrai-je reconnaître un service si grand !

MERVAL.
Je ne mérite pas...

B 3

CLÉANTE.

Son cœur m'en est garand.
Quel triomphe pour toi que cette impatience,
Ce desir de se voir, & cette intelligence !
Si tu fuyais l'hymen, l'aspect intéressant
De deux amans unis par la foi du serment,
Peut-être dans ton cœur fera naître l'envie,
D'associer l'amour aux plaisirs de ta vie :
Dans peu tu formeras quelque tendre union,
Et tu m'auras aussi cette obligation.

MERVAL.

Je rends grâce à tes vœux; mais pendant ton absence,
Cette envie en mon cœur a déjà pris naissance.

CLÉANTE.

Tout de bon !

MERVAL.

Oui, j'en ai retardé le moment;
Mais je m'en occupais très-sérieusement.

CLÉANTE.

J'en suis ravi. Dis-moi, Madame connaît-elle ?..

MÉLITE, à part.

Je tremble.

MERVAL.

Qui ?

CLÉANTE.

L'objet de ton amour fidèle ?

MERVAL.

Tu peux lui demander.

CLÉANTE.

Pourrai-je être éclairci ?
Celle qui l'a fixé, la connaissez-vous ?

COMÉDIE.

MÉLITE.

Oui.

CLÉANTE.

Sans doute elle est aimable ?

MÉLITE, *embarrassée*.

Oh !

MERVAL, *avec chaleur*.

Charmante.

CLÉANTE.

Et son ame ?

MERVAL, *plus vivement encore*.

Sublime.

CLÉANTE.

Doucement laisse parler Madame.
(*A Mélite.*)
Puis-je m'en rapporter au portrait qu'il en fait.

MÉLITE.

Vous pouvez à son sort du moins prendre intérêt.
Sa situation est très-embarrassante ;
La crainte la saisit, le remord la tourmente :
Il a touché son cœur, elle l'aime en effet ;
Mais elle est sous les loix d'un serment indiscret.
Un rival qu'il redoute a pour lui la promesse
De cet objet qui n'ose avouer sa foiblesse.

CLÉANTE.

Je conçois aisément quel est son embarras :
Quelqu'un que je connais est dans le même cas.

MÉLITE.

Ce quelqu'un, j'en conviens, me semble fort à plaindre.

CLÉANTE.

Et je le plains beaucoup : forcé de se contraindre,

B 4

Jugez de son état. Je crois, mon cher Merval,
Que dans le fond du cœur tu hais bien ton rival.
MERVAL.
Non, je ne puis haïr un rival que j'estime,
(*A part.*)
Sans.... je n'ose achever.
CLÉANTE.
La haine est légitime
En ce cas ; mais faut-il tant s'attrister ? Allons,
Madame & moi, mon cher, nous te consolerons:
C'est mon tour, je veux prendre...
MERVAL.
Une peine inutile.
CLÉANTE.
Non, mon attachement ne sera point stérile.
Ne t'inquiète pas ; nous ferons tant, qu'enfin
Tu reprendras un air plus calme & plus serein.
Je me sais bien bon gré de ma prompte arrivée ;
Ta Maitresse, sans moi, t'allait être enlevée,
Tu la posséderas, ou l'amitié du moins,
A consoler ton cœur appliquera ses soins ;
Mais tu restes ici par pure complaisance ;
Tu souffres de te voir privé de sa présence,
Va la trouver ; dis-lui qu'un ami fait des vœux
Pour que l'himen bientôt vous unisse tous deux.
MERVAL.
(*A part.*) (*Haut.*)
Comment ! en est-ce assez ? Mon rival est chez elle.
CLÉANTE.
Hé bien! tant mieux pour toi : l'occasion est belle ;
Le langage des yeux...

COMÉDIE.

MERVAL, *étouffant son dépit.*

Oui, je pense vraiment,
Que ce langage-là doit être très-piquant.
Je suis ravi, comblé. Dans cette circonstance,
Je sais ce que je dois à la reconnaissance ;
Tu m'en vois pénétré. Je te quitte enchanté
D'un si beau mouvement de générosité.

SCENE X.

CLÉANTE, MÉLITE.

CLÉANTE.

Il vous parlait souvent du secret de son ame ?

MÉLITE.

Très-souvent, j'en conviens.

CLÉANTE.

Vous le plaigniez, Madame ;
Je connais votre cœur sensible & généreux.

MÉLITE.

On s'intéresse au sort d'un amant malheureux.

CLÉANTE.

C'est assez naturel ; mais cela, je parie,
A jetté quelquefois de la monotonie
Dans vos entretiens ?

MÉLITE.

Non.

CLÉANTE.

Tant mieux ; c'est qu'aujoud'hui
Rarement on s'amuse à pleurer pour autrui.

MÉLITE.

Il est doux d'essuyer d'une main secourable
Les larmes d'un ami que son malheur accable.

CLÉANTE.

Oh! oui, vous lui devez, je crois, votre amitié,
Et ses soins complaisans...

MÉLITE.

Il en est bien payé.

CLÉANTE.

Il n'est pas gai Merval.

MÉLITE.

Mais il est très-aimable.

(A part.)
Si j'osais...

CLÉANTE, à part.

Si c'était le moment favorable.

(Haut.)
Dans mon absence au moins vous parlait-il de moi ?

MÉLITE.

Il m'en entretenait sans cesse.

CLÉANTE.

Je le croi.

MÉLITE.

Avez-vous eu quelqu'un à qui, dans mon absence,
Vous ayez de vos feux pu faire confidence?

CLÉANTE.

Oui, Madame.

MÉLITE.

En ces lieux rien ne les a distraits?

CLÉANTE.

Ah! que penseriez-vous... si je vous oubliais!

COMÉDIE.

(*A part.*)
Ce n'est pas là l'instant.

MÉLITE, *à part.*

Il n'est pas tems encore.

CLÉANTE.

On retrouve par-tout l'objet que l'on adore.
Depuis l'instant fatal qui nous a séparés,
J'ai senti dans mon cœur s'accroître par degrés
Le trouble qu'y fait naître un objet trop aimable :
Cet objet enchanteur, doux, honnête, estimable,
Me sera toujours cher; & je sens qu'en ce jour
Rien ne peut m'engager à manquer à l'amour.

MÉLITE.

(*A part.*)   (*Haut.*)

Il m'aime, c'est certain. Ah! l'objet qui m'enflamme
Est bien sûr de régner à jamais sur mon ame.
De mon destin, hélas! telle est la douce loi,
Je l'entends, je le vois sans cesse auprès de moi :
Son image me suit : quelque soin qui m'agite,
Je la trouve en mon cœur, lorsque mon œil la quitte;
Ma tendresse est extrême, & je sens qu'en ce jour
Rien ne peut m'engager à manquer à l'amour.

CLÉANTE, *à part.*

Elle m'aime, c'est sûr.

MÉLITE, *à part.*

Je suis bien malheureuse!

CLÉANTE, *à part.*

Je suis bien malheureux!...

MÉLITE, *à part.*

Cette épreuve est affreuse.

(*Haut.*)
Souffrez pour un moment que je vous laisse ici.

CLÉANTE.

Je n'y serai pas seul.

MÉLITE.

J'aurai bientôt fini.

C'est un ordre à donner.

CLÉANTE.

Ah ! rien ne m'inquiète.

MÉLITE, *à part, & en s'en allant.*

De notre confidence allons charger Lisette.

SCENE XI.

CLÉANTE, *seul.*

Pour le coup je m'admire ! ici je viens exprès
Pour rompre des liens que le tems a défaits :
Je me crois, en entrant, bien sûr de mon courage ;
Et c'est précisément moi seul qui me r'engage.
Comment faire à présent ? me voilà convaincu
Que l'audace n'est pas ma première vertu.
Mais Merval... plus que moi cent fois il est coupable
Il ne s'avise pas de la trouver aimable.
C'est un fatal présent qu'un trop fidèlle ami !
N'importe, il faut enfin que tout soit éclairci.
J'avais dit à Frontin de venir ; mais je pense
Que le maraud jouit de mon impatience.

SCENE XII.

CLÉANTE, FRONTIN.

FRONTIN.

Monsieur parle de moi, je crois.

CLÉANTE.

Oui, d'où viens-tu ?
Lorsque tu sais qu'ici tu peux être attendu.

FRONTIN.

Là, doucement, Monsieur, parlez-moi sans colère.
A son retour on a des visites à faire ;
Il est des soins à rendre, il est des gens à voir,
Et j'ai dû m'acquitter de ce premier devoir.

CLÉANTE.

Brisons-là, je te prie, & réponds-moi. Ton zèle,
Pourra-t-il soutenir une épreuve nouvelle ?

FRONTIN.

Oui, Monsieur.

CLÉANTE, *après avoir rêvé.*

M'y voilà, bon ; feins de me trahir,
A Lisette, toi-même, il faut tout découvrir.

FRONTIN.

Y pensez-vous, Monsieur ? Cela n'est pas possible.
Comment, lorsque d'un air tendre, affable & sensible
Elle m'a confié l'amour qu'on a pour vous,
Que j'aille l'accueillir d'un compliment si doux !
Ce serait conscience.

CLÉANTE.

Il le faut.

FRONTIN.

Je confesse
Qu'un pareil trait répugne à ma délicatesse.

CLÉANTE.

Eh bien ! maraud, j'ordonne & veux être obéi.

FRONTIN.

Ah ! c'est parler, cela. Vous le voulez donc ?

CLÉANTE.

Oui.

FONTIN.

On vous obéira. Paix.

CLÉANTE.

Quoi ?

FRONTIN.

Paix ; c'est Lisette.
Si nous tenions, Monsieur, cette affaire secrette ?

CLÉANTE.

Non.

FRONTIN.

Par où commencer, hein ?

CLÉANTE.

Par où tu voudras.

FRONTIN.

Par la fin, n'est-ce pas, Monsieur ?

SCENE XIII.

Les Mêmes, LISETTE.

LISETTE, *à part.*

Quel embarras !
CLÉANTE.

Je me fie à tes soins; je te laisse avec elle,
Et revole un moment où l'amour me rappelle.
(*Il fort.*)

SCENE XIV.

FRONTIN, LISETTE.

FRONTIN, *à part.*

Je sens qu'il faut ici tout mon art.

LISETTE, *à part.*

Je sens bien
Qu'il faut adroitement entamer l'entretien.
(*Haut.*)
Abordons-le. C'est toi, Frontin !

FRONTIN, *d'un air triste.*

C'est toi, Lisette !
LISETTE.

Ton ame en ce moment paraît peu satisfaite.
Qu'as-tu donc ?

FRONTIN.

Ce n'est rien ; mais vois-tu, mon enfant,
Quelquefois à part moi je rêve tristement,
Et lorsque, par hazard, j'envisage nos peines,
Je gémis du tableau des misères humaines.

LISETTE.

Tout, à dire le vrai, ne va pas comme on veut.

FRONTIN.

Tout n'en irait que mieux pourtant.

LISETTE, *avec tristesse.*

Cela se peut.

FRONTIN.

Mais tu ne m'as pas l'air, non plus, d'être contente.

LISETTE.

C'est que par fois aussi mon esprit se tourmente.

FRONTIN.

Eh bien ! confions-nous chacun nôtre chagrin.

LISETTE.

Serait-ce le moyen d'en voir bientôt la fin ?

FRONTIN.

Peut-être ; essayons.

LISETTE.

Soit.

FRONTIN, *s'approchant d'elle.*

Dis-moi donc, ta Maitresse
Pense-t-elle...

LISETTE, *s'approchant de lui.*

(*A part.*) (*Haut.*)
Haie. Elle est aussi dans la tristesse :
Et ton maître ?

FRONTIN.

COMÉDIE.

FRONTIN.
(*A part.*) (*Haut.*)
Ouf ! Il sort peu satisfait de lui.

LISETTE.
Peut-on savoir d'où naît son humeur aujourd'hui ?

FRONTIN.
Peut-on savoir pourquoi Mélite s'inquiète ?

LISETTE.
C'est que souvent le cœur n'a pas ce qu'il souhaite.

FRONTIN.
C'est qu'on voudrait souvent se déguiser son mal.

LISETTE.
(*Dos à dos.*)
Serait-il inconstant ?

FRONTIN.
Aurait-il un rival ?

LISETTE.
Hein ?

FRONTIN.
Plaît-il ?

LISETTE.
Parle donc.

FRONTIN.
Faut-il ainsi se taire ?

LISETTE.
Pourquoi donc me contraindre à parler la première ?

FRONTIN.
Je ne te dis plus rien.

LISETTE.
Je ne te répons pas.

C

FRONTIN, *d'un air distrait.*

C'est que le changement a pour nous des appas.

LISETTE, *sur le même ton.*

C'est que par fois aussi la constance nous pèse.

FRONTIN.

Ta maitresse en ce cas peut se mettre à son aise.
Nous lui sommes toujours attachés ; mais souvent
De soi l'on n'est pas maitre, il ne faut qu'un instant.
Notre cœur égaré dans le cours du voyage,
En changeant de climat a changé d'esclavage :
Nous avons amené notre femme avec nous.

LISETTE.

Nous n'irons pas bien loin chercher un autre époux.

FRONTIN, *transporté & se tournant vers elle.*

Tout de bon ?

LISETTE, *de même.*

Oui, ma foi.

FRONTIN.

D'honneur ?

LISETTE.

Je te le jure.

FRONTIN.

Embrasse-moi cent fois, ton aveu nous rassure :
On la croyait fidelle ;

LISETTE.

On le croyait constant :

FRONTIN, *au comble de la joie.*

Pas le mot.

LISETTE.

Hâtons-nous de finir leur tourment ;
Je vais trouver Mélite.

FRONTIN.
Et je cours à mon maître.
LISETTE.
Je l'apperçois.

FRONTIN.
C'est lui qu'ici je vois paraître.

SCENE XV.

LES PRÉCÉDENS, MELITE, CLÉANTE.

(*Mélite & Cléante en se voyant cherchent à s'éviter, Frontin & Lisette vont les prendre chacun par la main, & les amènent sur le bord du Théâtre à mesure que la Scène marche.*)

LISETTE, *bas à Melite.*

Avancez.

FRONTIN, *bas à Cléante.*
Approchez.

MÉLITE, *à Lisette.*
Tout enfin est-il su?

LISETTE.
Oui, Madame.

CLEANTE, *bas à Frontin.*
Dis-moi, comment t'a-t-on reçu?

FRONTIN.
A merveille.

LISETTE, *à Mélite.*
A présent ne soyez plus en peine.

FRONTIN, à Cléante.

Banniſſez déſormais une contrainte vaine.

LISETTE, à Mélite.

C'eſt d'une autre que vous qu'il a l'eſprit frappé.

MÉLITE.

D'une autre ?

LISETTE.

Aſſurément.

FRONTIN.

Monſieur, on m'a trompé ; Vous aviez un rival.

CLÉANTE.

Vraiment ?

FRONTIN.

Oui.

MÉLITE, lorſqu'ils ſont ſur la même ligne & rapprochés les uns des autres.

Que lui dire ?

LISETTE.

Rien.

FRONTIN, à Cléante.

Ferme.

(*Frontin & Liſette, placés à la gauche de Mélite & de Cléante, les pouſſent l'un vis-a-vis de l'autre en ſe retournant : tous quatre ſe mettent à rire ; Merval paraît au fond du Théatre.*)

SCENE XVI ET DERNIERE.

Les Mêmes, MERVAL *au fond du Théâtre.*

CLÉANTE, *à Mélite.*

A ses dépens chacun de nous peut rire.
Vous en aimiez un autre !

MÉLITE.

Une autre avait vos vœux !

CLÉANTE.

Puis-je connaître au moins le mortel trop heureux
Qui sur moi près de vous obtient la préference ?

MÉLITE.

(*A Lisette.*)
Mais... Tu ne l'as pas dit ?

LISETTE.

Par oubli.

CLÉANTE.

Ce silence...

MÉLITE.

Vous dit trop que je crains de faire un tel aveu.

CLÉANTE.

Q'importe ? du courage.

MÉLITE.

Il en faut.

CLÉANTE.

Ah ! bien peu.

LES AVEUX DIFFICILES

MÉLITE.

Ce mortel à vos yeux va paraître coupable.

CLÉANTE.

Vous aimer est un crime au moins très-excusable.

MÉLITE, *hesitant.*

Ah !

CLÉANTE.

Craindrais-je pour vous un nœud mal assorti ?

MÉLITE.

Non ; mais que diriez-vous... si c'était... votre ami ?

CLÉANTE.

Merval ! est-il possible ?

MERVAL, *qui s'est approché.*
(*D'un air confus.*)

Hélas ! oui. C'est lui-même
Qui vient s'en accuser.

CLÉANTE.

Ma surprise est extrême !
Ainsi donc cet objet qu'il aimait...

MÉLITE.

C'était moi.

CLÉANTE.

Et ce rival fâcheux ?..

MERVAL, *du ton de la candeur.*

Mon ami, c'était toi.

CLÉANTE, *éclatant de rire.*

Nous nous jouyons tous trois ; l'aventure est plaisante.

MERVAL.

Peux-tu me pardonner ?

CLÉANTE.

Oui, mon ame est contente ;

COMÉDIE.

Je reçois doublement le prix qui m'était dû.
(*A Mélite.*)
Si je vous ai trompée, on me l'a bien rendu.
Baniffons pour jamais une feinte inutile,
Et puifque maintenant votre cœur eft tranquille,
Ne fongez qu'à former les liens les plus doux.

MERVAL.

Qu'entends-je ? je puis donc...

CLÉANTE.

Oui, tombe à fes genoux,
J'y confens.
(*Merval s'y précipite.*)

LISETTE, *à part.*

Ce tableau me ravit !

FRONTIN. *à part.*

Il m'enchante !

MERVAL, *fe relevant & fautant au col de fon ami.*

Que ne te dois-je pas ! grace à toi, cher Cléante,
L'amitié n'était point coupable envers l'amour.

CLÉANTE.

Sois heureux aujourd'hui, demain j'aurai mon tour.

MÉLITE, *à Cléante.*

Ah ! nous le ferons tous. Oui, j'en ai le préfage :
Si mon bonheur n'a pu devenir votre ouvrage,
Nous refterons amis du moins ; ce nom fi doux
Doit toujours, je le fens, être un befoin pour nous.

FRONTIN.

Et nous, Lifette ?

LISETTE.

Rien. Apprends, quoiqu'on en penfe,
Que rarement l'amour furvit à l'abfence.

APPROBATION.

J'ai lu, par ordre de M. le Lieutenant-Général de Police, les *Aveux difficiles*, Comédie en un Acte, & je n'y ai rien trouvé qui m'ait paru devoir en empêcher la Représentation, ni l'Impreſſion. A Paris, le 18 Décembre 1782.

SUARD.

Vu l'Approbation, permis de repréſenter & imprimer. A Paris, le 19 Décembre 1782.

LENOIR.

De l'Imprimerie de CAILLEAU, rue Galande.

www.ingramcontent.com/pod-product-compliance
Lightning Source LLC
Chambersburg PA
CBHW070714050426
42451CB00008B/644